FLUCHTTUNNEL NACH WEST-BERLIN

*Ich widme das Buch all jenen, die zum Fall dieser Mauer beigetragen haben.
Virginie und Flavie, danke wie immer für alles. Danke auch an die Kumpels
vom Atelier KCS „bis in den Himmel hinauf".*
Olivier Jouvray

*Für Axel und Esther.
Danke an meine unvergängliche Lauriane.
Danke an die Leute von le Bocal und Alexis.*
Nicolas Brachet

Für Jérôme, Baptiste, Garance und das Atelier KCS.
Anne-Claire Jouvray

Fluchttunnel nach West-Berlin

Text: Olivier Jouvray
Zeichnungen: Nicolas Brachet

ISBN: 978-3-945034-05-7

© Éditions Delcourt – 2014
© für die deutsche Ausgabe – avant-verlag, 2014

Übersetzung aus dem Französischen: Annika Wisniewski
Redaktion: Filip Kolek
Korrekturen: Robin Kowalewsky
Lettering & Produktion: Tinet Elmgren
Herausgeber: Johann Ulrich

Dieses Buch erscheint im Rahmen des Förderprogramms des französischen Außenministeriums,
vertreten durch die Kulturabteilung der französischen Botschaft in Berlin.

avant-verlag | Weichselplatz 3-4 | 12045 Berlin
info@avant-verlag.de

Weitere Titel zur DDR-Geschichte im avant-verlag:

Buddenberg/Henseler
Grenzfall
Berlin – Geteilte Stadt
Berlin – A city divided

Simon Schwartz
drüben!

Ulrich Scheel
Die sechs Schüsse von Philadelphia

Mehr Informationen & Leseproben finden Sie online:
www.avant-verlag.de
www.facebook.com/avant-verlag

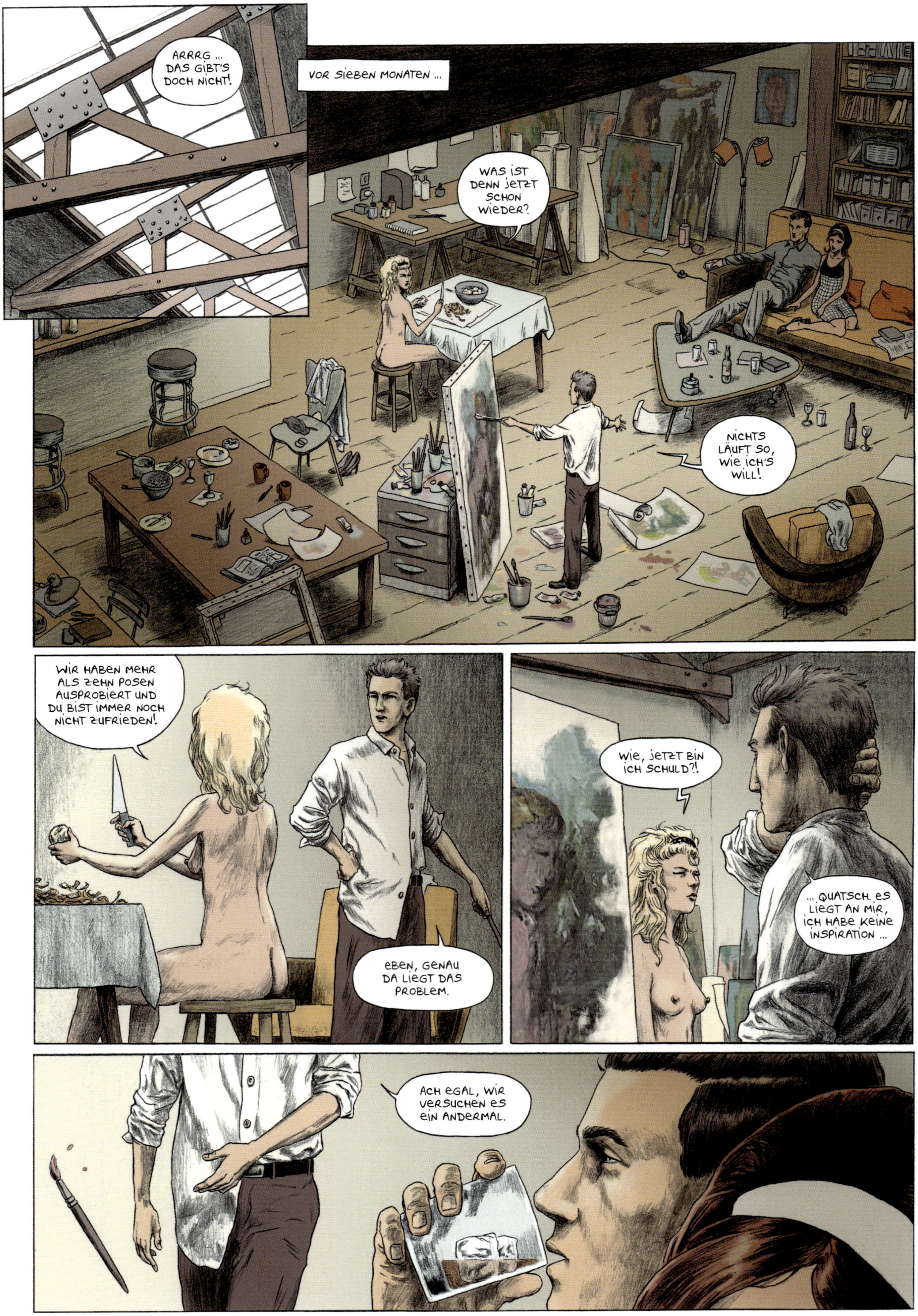

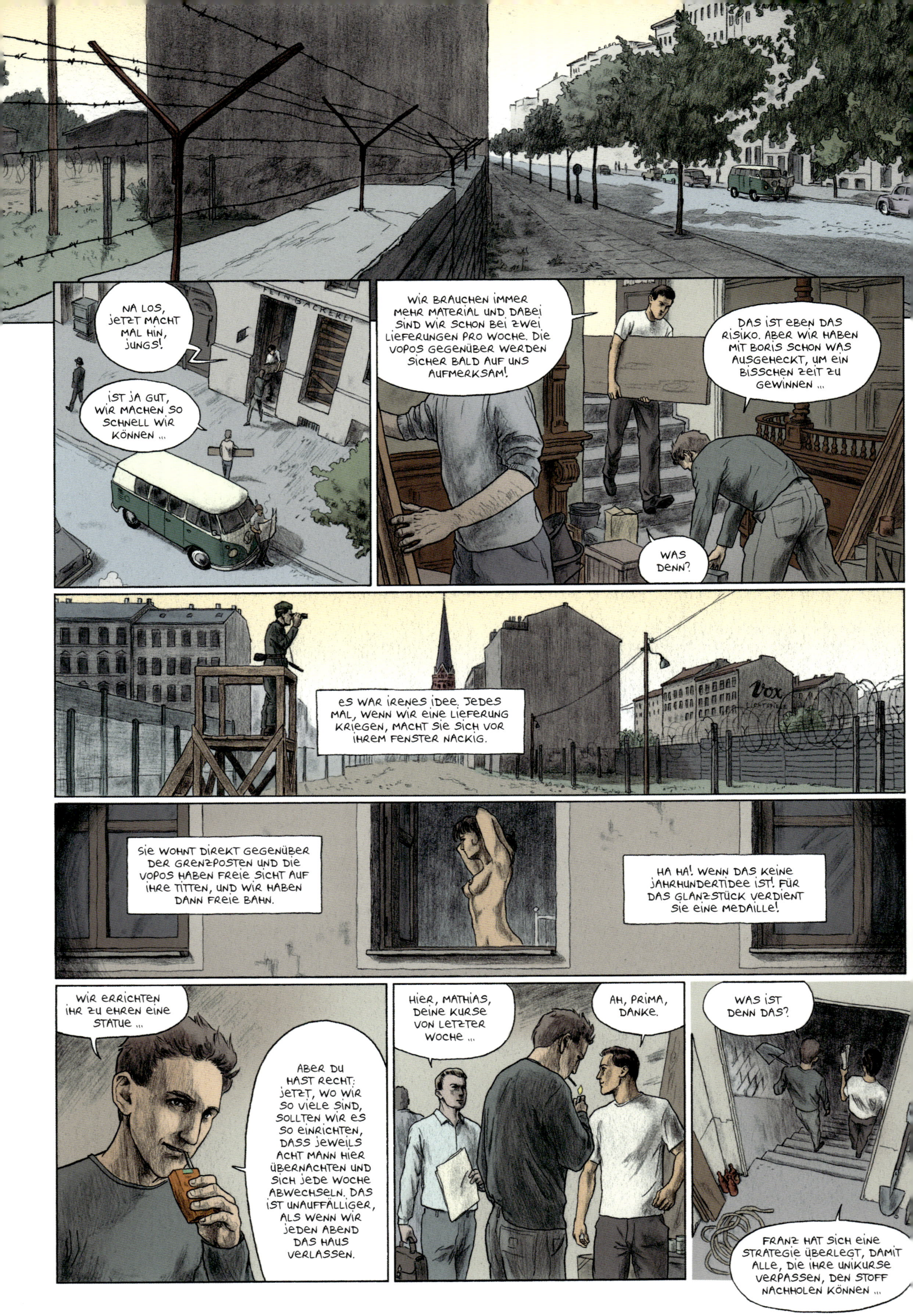

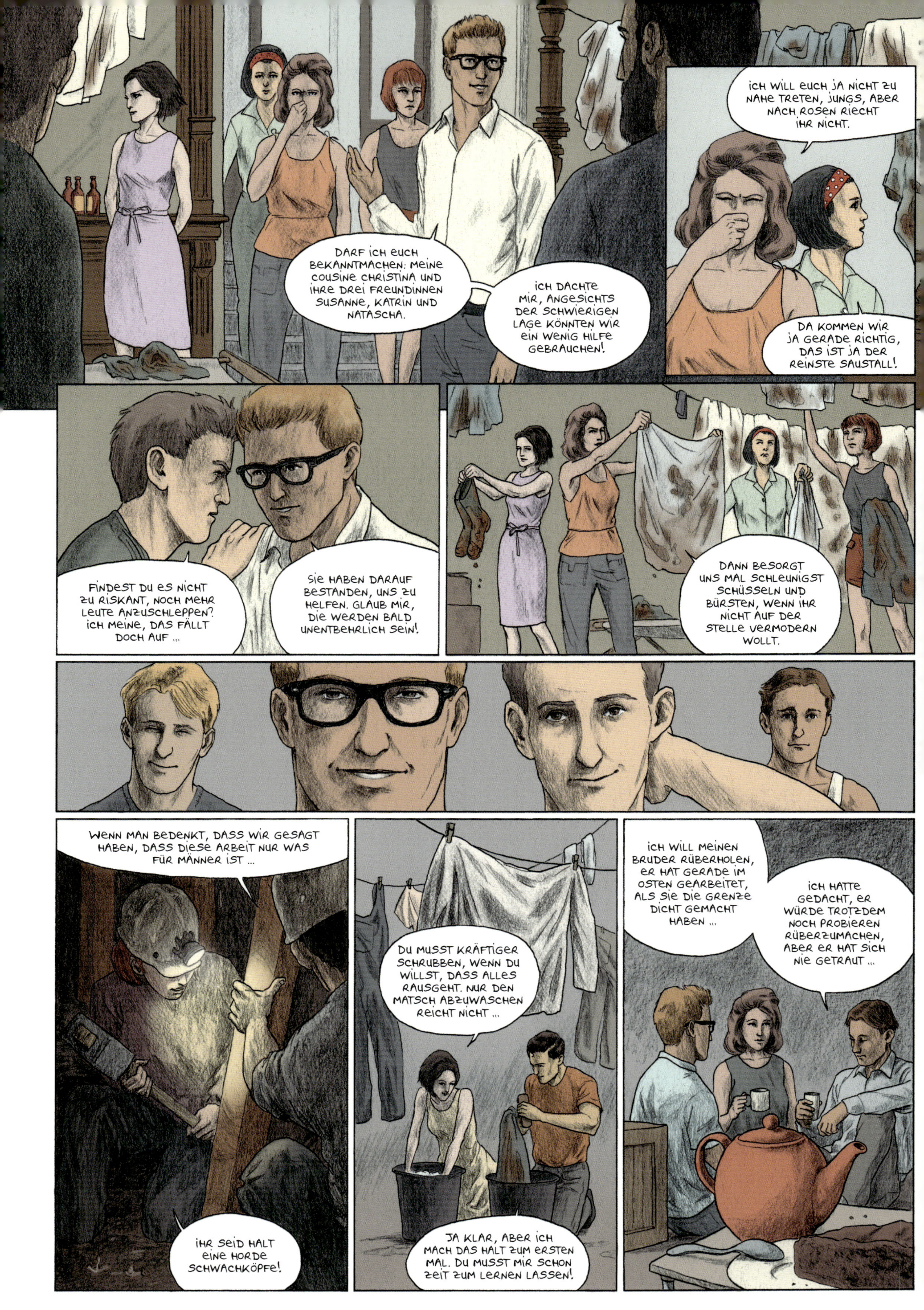

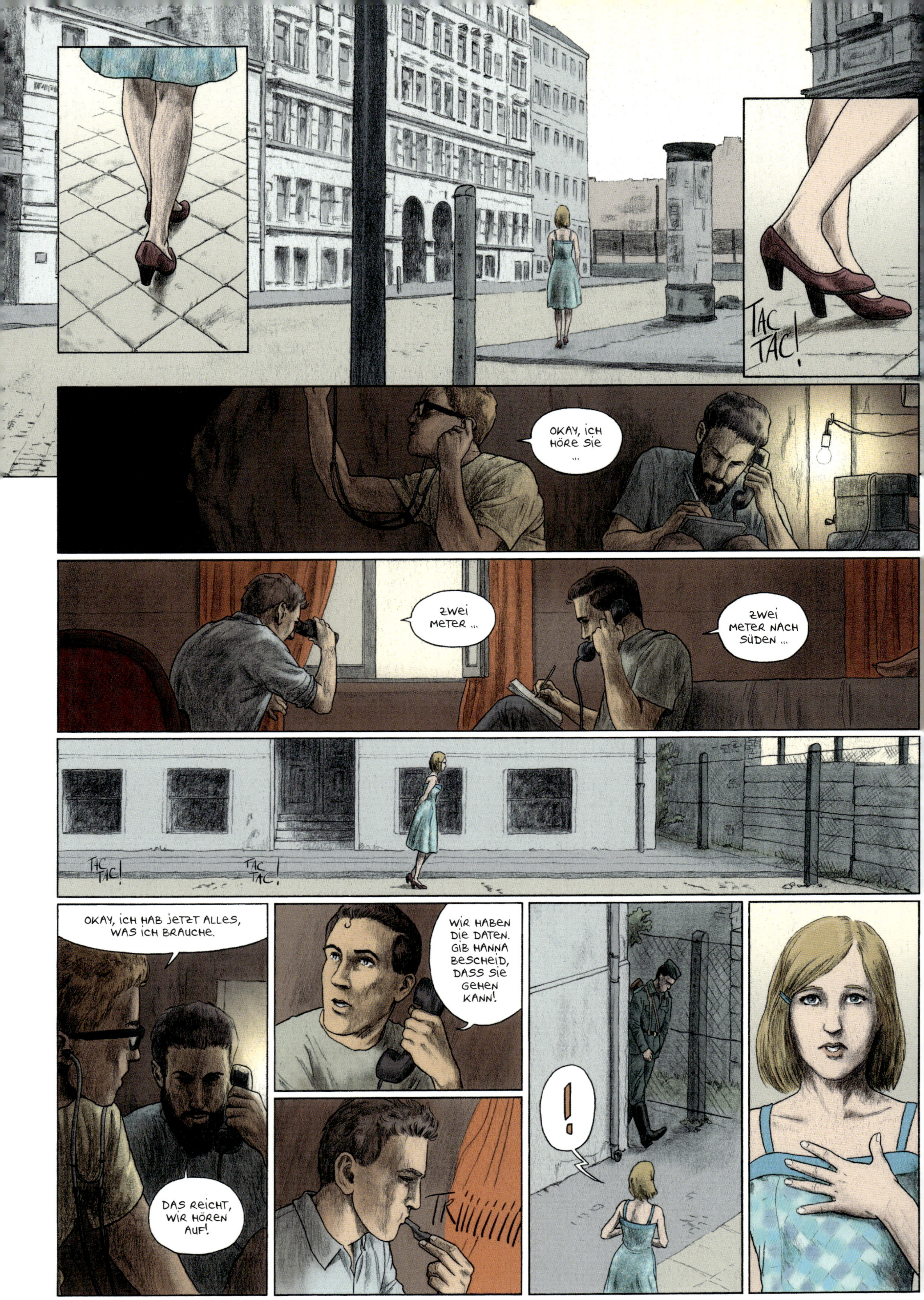

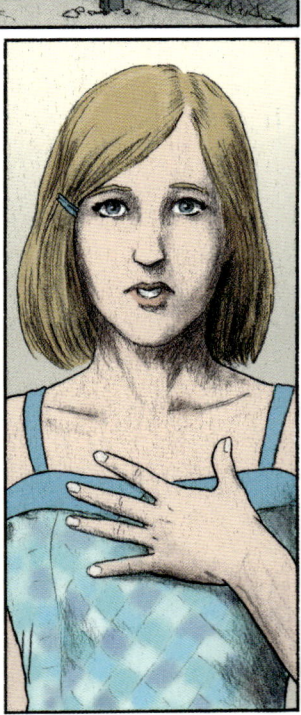

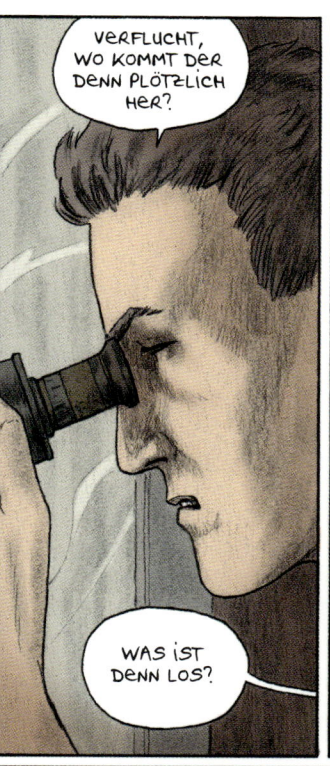

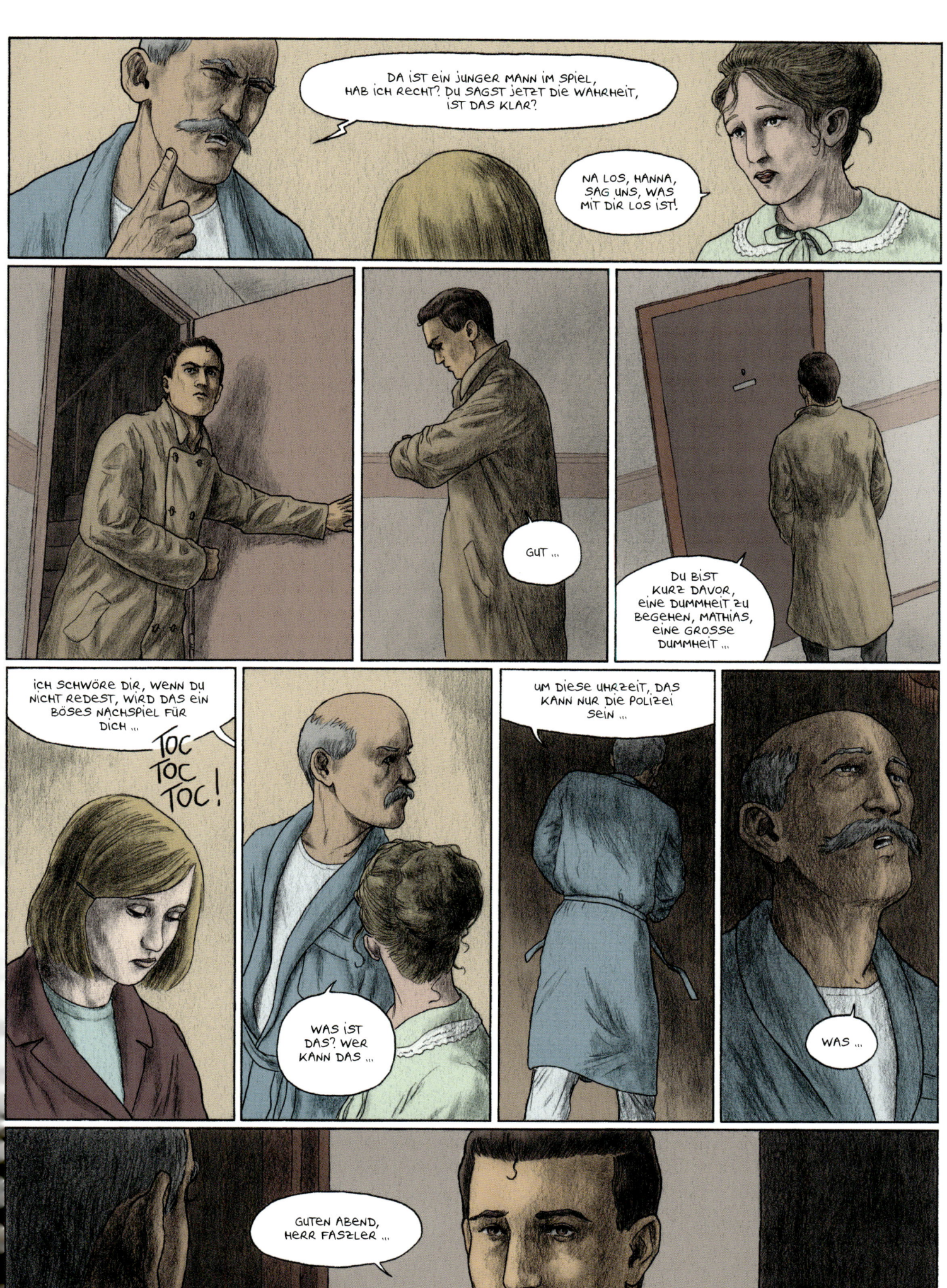